Achtung! Moritz, der Marienkäfer

und andere Geschichten von Tieren, die man kaum beachtet

Arbeitsheft zum gleichnamigen Buch

von

Christin Adlaßnig

1. Auflage mit Lernaufgaben zum Buch „Achtung! Moritz, der Marienkäfer"

Verlag: tredition, Hamburg

ISBN: 978-3-7323-4809-1 (Paperback)
ISBN: 978-3-7323-4810-7 (Hardcover)

Autorin: Christin Adlaßnig

Illustrationen: *Karin Juan*

Gestaltung: *Mag. Martin Urbanek*

Herausgeber: *Viewpoint Media*

Mediendidaktische Beratung, Lektorat: *Dr. Claudia Otratowitz*

Arbeitsheft zum gleichnamigen Buch

1. Auflage mit Lernaufgaben zum Buch „Achtung! Moritz, der Marienkäfer"

Homepage der Autorin: http://www.spass-und-lernen.com
E-Mail: *infos*@spass-und-lernen.com

Das Arbeitsheft ist eine reichlich illustrierte und unterhaltsame Ergänzung zu Band I der „Tiergeschichten für Kinder und Erwachsene" der Kinderbuchautorin Christin Adlaßnig. Das zugrunde liegende Buch „Achtung! Moritz, der Marienkäfer" ist eine Sammlung von sechs kurzen Erzählungen, die sich mit den Problemen von Insekten und anderen, eher unscheinbaren Lebewesen beschäftigen.

Nach dem Lesen des Buches ist nun die eigene Kreativität der Kinder gefragt. Sie sollen die gelesenen Texte wiedergeben, Denkaufgaben lösen und selbst in Bild und Sprache gestalterisch tätig werden.

Die Beispiele berücksichtigen die Bildungsstandards für die Grundstufe. Sie sind sowohl für den Einsatz im Unterricht als auch für den außerschulischen Bereich gedacht.

Die Druckversion ist in Graustufen erschienen. Eine digitale Version (PDF) in Farbe zum Ausdrucken und Vervielfältigen kann unter folgendem Link auf der Homepage der Autorin heruntergeladen werden: http://www.spass-und-lernen.com/medienpaket_tiergeschichten

Herzlichen Dank an Karin Juan für die Erstellung von ergänzenden Illustrationen.

Inhalt

Voraussetzung für die Lösung der Aufgaben in diesem Arbeitsheft ist das Buch *„Achtung! Moritz, der Marienkäfer"* von Christin Adlaßnig.

Das Buch, dieses Arbeitsheft, ein Hörbuch und interaktive E-Learning Software für Kinder der Grundstufe werden auch als Gesamtpakete für den Versand und zum sofortigen Herunterladen angeboten.

Nähere Informationen findest du auf der letzten Seite dieses Buches. Auf der Homepage der Autorin kannst du Lese- und Hörproben sowie eine Demoversion der Lernsoftware herunterladen:

http://www.spass-und-lernen.com/medienpaket_tiergeschichten

Klappentext zum Buch *„Achtung! Moritz der Marienkäfer"*:

„Achtung! Moritz, der Marienkäfer - und andere Geschichten von Tieren, die man kaum beachtet", ist eine Sammlung von sechs kurzen Erzählungen, die sich mit Insekten und anderen, eher unscheinbaren Lebewesen beschäftigt.

Wie in der klassischen Fabel besitzen die Tiere menschliche Eigenschaften und haben dementsprechend auch menschliche Probleme und Bedürfnisse. In den Handlungen der humorvoll und liebevoll erzählten Geschichten spielen meist auch Dialoge und Auseinandersetzungen zwischen Menschen und Tieren eine wichtige Rolle.

Der Ausgang der Erzählungen soll Kindern und Erwachsenen aufzeigen, dass es Wege und Lösungen für ein gedeihliches Mit- und Nebeneinander völlig unterschiedlicher Lebenskonzepte in gemeinsam genutzten Lebensräumen gibt. Selbst ungeliebte Zeitgenossen wie Silberfischchen, Motten und Tausendfüßler kommen zu Wort und werden zu interessanten Hauptakteuren mit menschlichem Antlitz.

Übersicht über die Medienpakete zu Band 1
(*„Achtung! Moritz, der Marienkäfer"*)

Gesamtpaket „Versand": Druckversionen inkl. CDs mit diesem Arbeitsheft, Hörbuch und Lernsoftware zum Bestellen auf dem Versandweg:

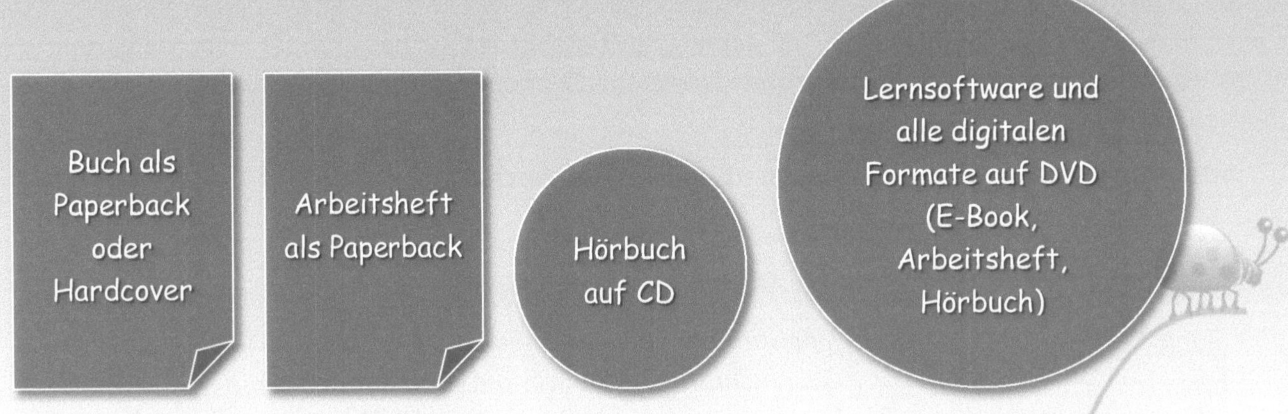

Gesamtpaket „Download": Digitale Versionen zum sofortigen Herunterladen:

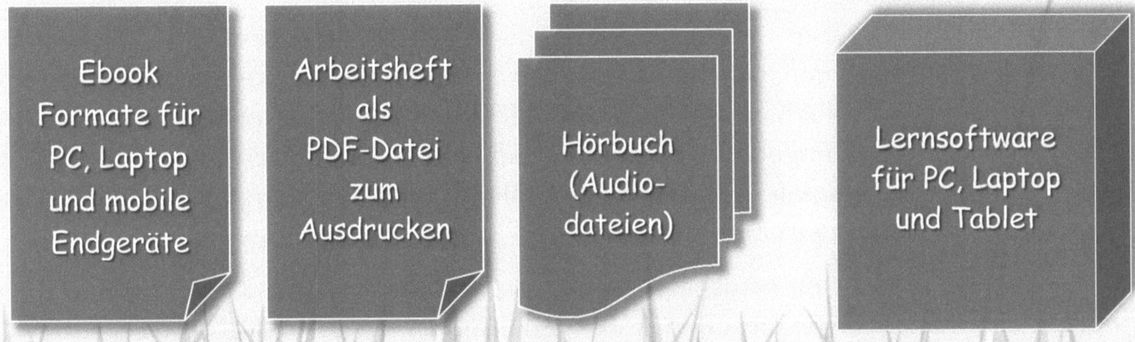

* Arbeitsheft und Lernsoftware setzen die Verfügbarkeit des Buches voraus.
* Die einzelnen Produkte sind natürlich auch als gesondert erhältlich.

Detaillierte Informationen über Verfügbarkeit, Preise und Links zum Herunterladen findest du unter folgender URL:
http://www.spass-und-lernen.com/medienpaket_tiergeschichten

Beantworte die Fragen!

1 Wie lautet der Titel des Buches?

2 Wie viele Geschichten sind in dem Buch enthalten?

3 Wie heißen die sechs Tiere, nach denen die Geschichten benannt sind?

4 Wie viele bedruckte Seiten hat das Buch?

5 Hat das Buch ein Bild auf dem Umschlag?

Kreuze das Richtige an!

JA   NEIN

6 Wenn JA, welche Tiere erkennst du auf dem Umschlag?

Beschreibe den Umschlag des Buches näher!

  Achtung! Moritz, der Marienkäfer - Arbeitsheft für die Grundstufe © Christin Adlaßnig 2015

Beantworte die Fragen!

1 In welcher Jahreszeit spielt die Geschichte?

2 Wie heißt die Grille?

3 Wo wohnt Paolo?

4 Wer bittet Paolo um Hilfe?

5 Wer rettet Paolo vor dem Ertrinken?

6 Warum muss Lisa nachhause fahren?

Bearbeite folgende Aufgaben!

1 Schreibe 5 Hauptwörter (Nomen) mit Artikel auf, die du auf Seite 7 findest!

1. ____
2. ____
3. ____
4. ____
5. ____

2 Schreibe 5 Zeitwörter (Verben) auf, die du auf Seite 9 findest!

1. ____
2. ____
3. ____
4. ____
5. ____

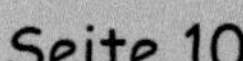

     Achtung! Moritz, der Marienkäfer - Arbeitsheft für die Grundstufe   © Christin Adlaßnig 2015

Bearbeite folgende Aufgaben!

3 Suche 3 Eigenschaftswörter (Adjektive) auf Seite 12!

1.
2.
3.

4 Welches ist das letzte Wort auf Seite 16?

5 Welches ist das erste Wort auf Seite 13?

Nimm das **W**örterbuch und suche die Begriffe!

Trage die Seitennummern aus dem Wörterbuch in die Kästchen ein!

die Kartoffel	geizig	das Zelt	außerdem
krabbeln	die Musik	das Mädchen	

   Achtung! Moritz, der Marienkäfer - Arbeitsheft für die Grundstufe

Auf welcher Seite stehen diese Begriffe?

Trage für jeden Begriff wenigstens eine richtige Seitennummer
in das leere Sternchen ein!

BEGRIFF	SEITE	BEGRIFF	SEITE
die Musik		der Horizont	
krabbeln		die Angst	
außerdem		das Sprungbrett	
geizig		die Trauer	
der Blitz		die Melodie	
die Artgenossen		das Brotbrösel	

Finde auf Seite 10 zwei Zeitwörter und beuge sie in allen Personalformen!

Beispiel: laufen

ich laufe	wir laufen
du läufst	ihr läuft
er (sie, es) läuft	sie laufen

1. Zeitwort:

2. Zeitwort:

   Achtung! Moritz, der Marienkäfer - Arbeitsheft für die Grundstufe   © Christin Adlaßnig 2015

Ordne die zehn Wörter nach dem Alphabet!

Schreibe die richtigen Nummern (2 bis 10) in die leeren Felder!

Eltern

sammeln

Kinderaugen

Abcdefgh
ijklmnopqr
stuvwxyz

Grille

Zelt

Abend

Beispiel: „A …" = 1 → ①

Campingplatz

Nacht

Meer

Sonne

Upps!

Hier haben sich Begriffe zwischen den Buchstaben versteckt.

Suche alle weiteren versteckten Begriffe und schreibe sie auf!
Achte darauf, dass sich Hauptwörter und Zeitwörter verstecken!

dkfkdfjgrilledfjskljfkljsfmädchenösdfkirfoweifksdmkletternskdfjsk

dfjfjszeltsdfjslkdfjhelfensädfksiifjvertrauenäsdkfsfksfnachtlfjifjlsdf

khoffnungäsdkfsdfkpaoloslkdfjskldfjmusikslkdfjskdlfjfreuenslk

Grille, ...

Suche in der Geschichte fünf Hauptwörter (Nomen) mit Artikel und bilde die Mehrzahl!

Hauptwort	Mehrzahl

Suche das Gegenteil!

Wort	Gegenteil
der Sommer	
weiß	
hinauf	
der Freund	
weinen	
schnell	

Suche folgende **Wörter!**

Grille
Lisa
Ameise
Hoffnung
Meer
Musik
Paolo
Herz
Lied
der

H	M	G	U	G	R	I	L	L	E
O	U	L	Ä	Ö	W	R	U	Y	P
F	S	L	I	S	A	S	H	Ü	A
F	I	M	L	D	M	E	E	R	O
N	K	W	M	H	E	R	Z	P	L
U	B	V	C	W	I	L	P	W	O
N	L	I	E	D	S	G	Z	T	P
G	B	O	F	R	E	U	N	D	L

Bilde selbst sinnvolle Sätze!

Verwende folgende Wörter:

Grille	Baum	schauen
Lisa	Meer	spielen
Zelt	Auto	abbauen
Paolo	Orchester	Baum

Lies die Geschichte von Paolo genau durch
und schreibe eine kurze Nacherzählung!

Zeichne Paolo in den Rahmen!

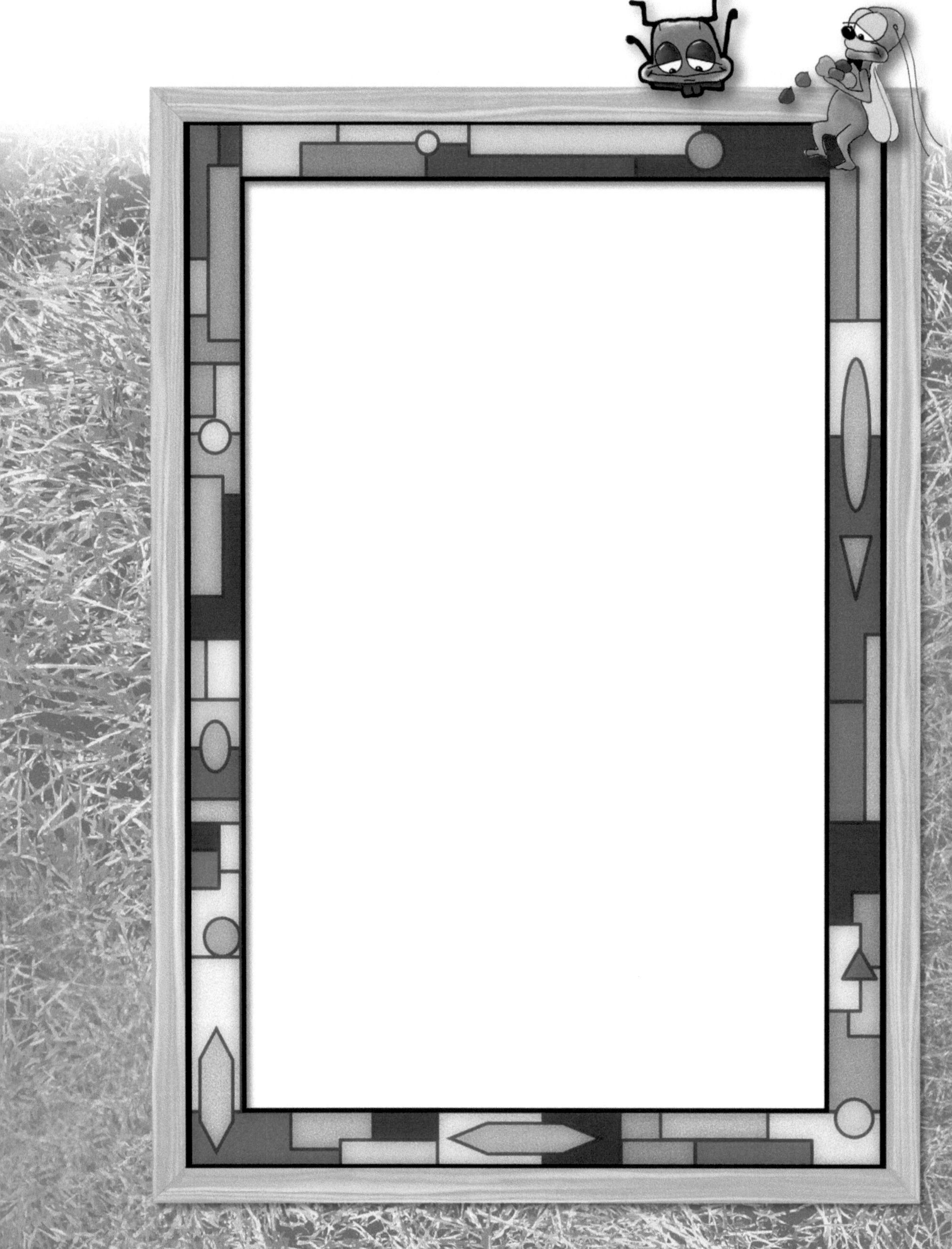

  Achtung! Moritz, der Marienkäfer – Arbeitsheft für die Grundstufe

Reimwörter

Suche ein Reimwort und schreibe es in die rechte Spalte!

Der erste Buchstabe ist vorgegeben.

Grille	B _________
fliegen	b _________
Wand	H _________
Meer	H _________
Traum	B _________
sehen	st _________
Blitz	W _________
Paar	H _________
Spalt	H _________
Wochen	k _________

Ordne die Wörter in der richtigen Reihenfolge an!

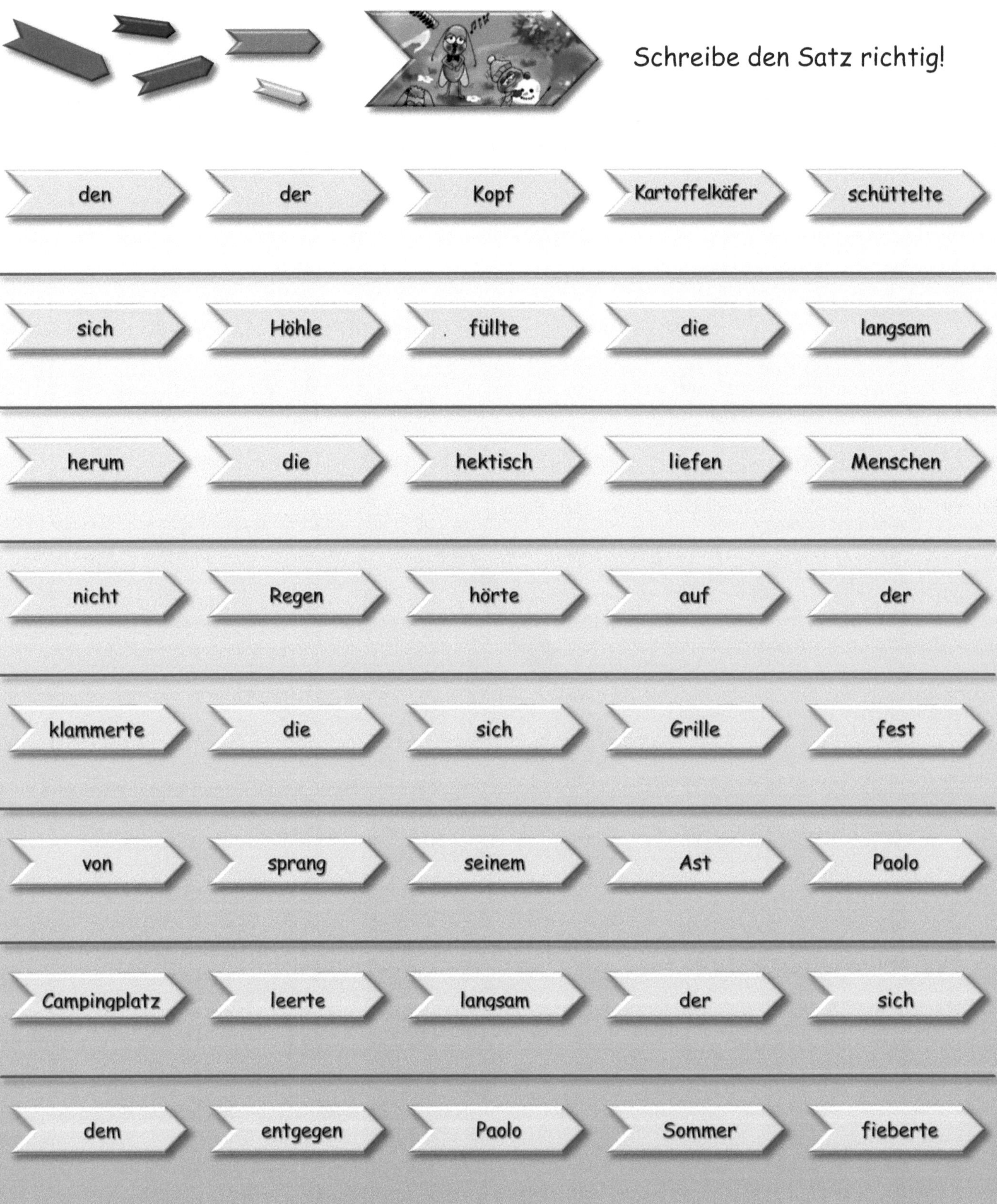

Schreibe den Satz richtig!

| den | der | Kopf | Kartoffelkäfer | schüttelte |

____

| sich | Höhle | . füllte | die | langsam |

____

| herum | die | hektisch | liefen | Menschen |

____

| nicht | Regen | hörte | auf | der |

____

| klammerte | die | sich | Grille | fest |

____

| von | sprang | seinem | Ast | Paolo |

____

| Campingplatz | leerte | langsam | der | sich |

____

| dem | entgegen | Paolo | Sommer | fieberte |

____

     Achtung! Moritz, der Marienkäfer - Arbeitsheft für die Grundstufe   © Christin Adlaßnig 2015

Lösungen

Beantworte die Fragen:

Fragen zum Buch:

1. Achtung! Moritz, der Marienkäfer
2. sechs Geschichten
3. Paolo, Siegfried, Egon, Marlies, Moritz, Lilli
4. Das Buch hat 79 bedruckte Seiten.
5. Ja
6. Grille, Schneefloh, Tausendfüßler, Motte, Marienkäfer, Silberfischchen

Paolo, die geizige Grille:

1. Sommer
2. Paolo
3. in einer Erdhöhle
4. ein alter Kartoffelkäfer
5. das Mädchen Lisa
6. Der Urlaub war zu Ende.

Bearbeite folgende Aufgaben:

Welches ist das letzte Wort auf Seite 16?

Vormittag

Welches ist das erste Wort auf Seite 13?

Schmerz

Auf welcher Seite stehen diese Begriffe?

Trage für jeden Begriff wenigstens eine richtige Seitennummer in das leere Sternchen ein!

die Musik (7, 12), der Horizont (10), krabbeln (10), die Angst (13), außerdem (14), das Sprungbrett (11), die Trauer (13), geizig (7, 9, 11), die Melodie (15, 16), die Artgenossen (14, 15), der Blitz (17), das Brotbrösel (12)

Ordne die zehn Wörter nach dem Alphabet!

Schreibe die richtigen Nummern (2 bis 10) auf die leeren Felder!

Eltern (3), sammeln (8), Kinderaugen (5), Grille (4), Zelt (10), Abend (1), Campingplatz (2), Nacht (7), Meer (6), Sonne (9)

Suche alle weiteren versteckten Begriffe und schreibe sie auf!

Dkfkdfjgrilledfjskljfkljsfmädchenösdfkirfoweifksdmkletternskdfjsk
dfjfjszeltsdfjslkdfjhelfensädfksiifjvertrauenäsdkfsfksfnachtlfjifjlsdf
khoffnungäsdkfsdfkpaoloslkdfjskldfjmusikslkdfjskdlfjfreuenslk

Lösungen

Suche das Gegenteil!

der Sommer – **der Winter**; weiß – **schwarz**; hinauf – **hinunter**; der Freund – **der Feind**; weinen – **lachen**; schnell – **langsam**

Suche folgende Wörter!

Grille
Lisa
Ameise
Hoffnung
Meer
Musik
Paolo
Herz
Lied
Freund

Reimwörter

mögliche Lösungen:

Grille - Brille
fliegen - biegen
Wand - Hand
Meer - Heer
Traum - Baum
sehen - stehen
Blitz - Witz
Paar - Haar
Spalt - Halt
Wochen - kochen

Ordne die Wörter in der richtigen Reihenfolge an!

Schreibe den richtigen Satz!

Der Kartoffelkäfer schüttelte den Kopf.
Langsam füllte sich die Höhle.
Die Menschen liefen hektisch herum.
Der Regen hörte nicht auf.
Die Grille klammerte sich fest.
Paolo sprang von seinem Ast.
Langsam leerte sich der Campingplatz.
Paolo fieberte dem Sommer entgegen.

Beantworte die Fragen!

1 In welchen zwei Jahreszeiten spielt die Geschichte?

2 Wie heißt der Schneefloh?

3 Wie heißt der beste Freund von Siegfried?

4 Wo wollen die beiden Freunde überwintern?

5 Was ist das orange Monster, das Siegfried so einen Schrecken einflößt?

6 Wie heißen die Kinder, die Siegfried aufnehmen?

7 Was fasziniert Sigi besonders im Kinderzimmer?

Beantworte die Fragen!

 Wen treffen die Kinder im Freien?

 Wen weckt Siegfried durch seinen Schrei im Garten auf?

Oje, kannst du die Schrift entziffern?

Die beiden Freunde mussten nicht lange suchen. Im Dachboden des Hauses, in der Kiste mit den Spielsachen der Kinder, fanden sie einen geeigneten Platz. Beide kuschelten sich in ein altes Puppenbett. Hier wollten sie die kalte Jahreszeit verbringen um dann frisch und munter im neuen Jahr aufzuwachen.

Die beiden . . .

Siegfried, der neugierige Schneefloh

Bearbeite folgende Aufgaben!

1 Schreibe 5 Hauptwörter (Nomen) mit Artikel auf, die du auf Seite 24 findest!

1. ___________________________________
2. ___________________________________
3. ___________________________________
4. ___________________________________
5. ___________________________________

2 Schreibe 5 Zeitwörter (Verben) auf, die du auf Seite 23 findest!

1. ___________________________________
2. ___________________________________
3. ___________________________________
4. ___________________________________
5. ___________________________________

Bearbeite folgende Aufgaben!

3 Suche 3 Eigenschaftswörter (Adjektive) auf Seite 22! 

1.

2.

3.

4 Welches ist das letzte Wort auf Seite 22? 

5 Welches ist das erste Wort auf Seite 20? 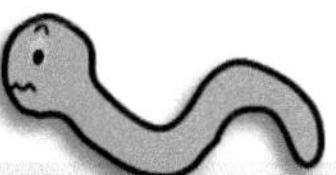

Nimm das **Wörterbuch** und suche die Begriffe!

Trage die Seitennummern aus dem Wörterbuch in die Kästchen ein!

| hüpfen | | stockfinster | | schlafen | | der Punkt | |
| die Zeit | | der Floh | | lange | | | |

 Achtung! Moritz, der Marienkäfer - Arbeitsheft für die Grundstufe © Christin Adlaßnig 2015

Ordne die zehn Wörter nach dem Alphabet!

Schreibe die richtigen Nummern (2 bis 10) in die leeren Felder!

Eltern

sammeln

Fliegen

Fisch

Winter

Abcdefgh
ijklmnopqr
stuvwxyz

Angst — Beispiel: „A …" = 1 → ①

Buch

hoch

Garten

hüpfen

Suche alle weiteren versteckten Begriffe und schreibe sie auf!

Achte darauf, dass sich Hauptwörter und Zeitwörter verstecken.

Slkdfjkds**floh**lskdfjioerufangenalkfjoierurosenkäferäsefjkfjfreunde

äskdfjskdfschneesldkfsfisfkjdfgthßmyldkpepbubenskdfjskfjdsjfjdfj

Floh, . . .

Suche fünf zusammengesetzte Wörter aus der Geschichte!

Schreibe neben das Wort die einzelnen Wörter, aus denen es gebildet wird!

Zusammengesetztes Wort	wird gebildet aus …
1.	
2.	
3.	
4.	
5.	

Suche folgende **Wörter**!

Welche Wörter passen eher zum Winter, welche eher nicht?

Streiche jene Wörter durch, die nicht zum Winter gehören!

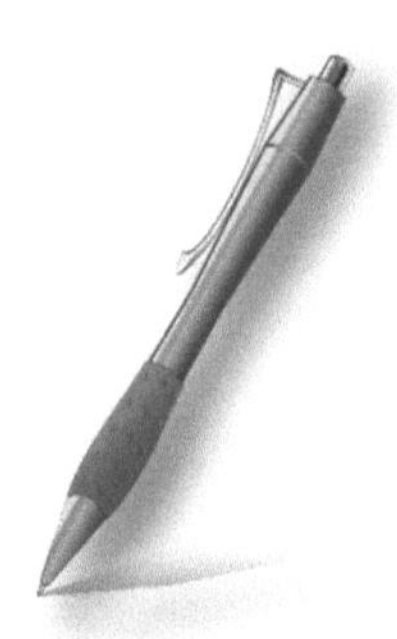

Lies die Geschichte von Siegfried genau durch
und schreibe eine kurze Nacherzählung!

Achtung! Moritz, der Marienkäfer - Arbeitsheft für die Grundstufe

Zeichne das Aquarium!

Lösungen

Beantworte die Fragen!

1. Herbst, Winter
2. Siegfried
3. Hugo, der Rosenkäfer
4. am Dachboden, in einem alten Puppenbett
5. ein Kürbis
6. Johannes und Jakob
7. ein Aquarium
8. viele Schneeflöhe bzw. viele kleine Insekten
9. einen Borkenkäfer

Oje, kannst du die Schrift entziffern?

Die beiden Freunde mussten nicht lange suchen. Im Dachboden des Hauses, in der Kiste mit den Spielsachen der Kinder, fanden sie einen geeigneten Platz. Beide kuschelten sich in ein altes Puppenbett. Hier wollten sie die kalte Jahreszeit verbringen um dann frisch und munter im neuen Jahr aufzuwachen.

Bearbeite die folgenden Aufgaben!

Welches ist das letzte Wort auf Seite 22?

konnte

Welches ist das erste Wort auf Seite 20?

Langsam

Ordne die zehn Wörter nach dem Alphabet!

Schreibe die richtigen Nummern (2 bis 10) auf die leeren Felder!

Eltern (3), sammeln (9), Fliegen (5), Fisch (4), Winter (10), Angst (1), Buch (2), hoch (7), Garten (6), hüpfen (8)

Suche alle weiteren versteckten Begriffe und schreibe sie auf!

Slkdfjkdsflohlskdfjioerufangenalkfjoierurosenkäferäsefjkfjfreundeäskdfjskdfschneesl dkfsfisfkjdfgthßmyldkpepbubenskdfjskfjdsjfjdfj

   Achtung! Moritz, der Marienkäfer - Arbeitsheft für die Grundstufe   © Christin Adlaßnig 2015

Lösungen

Suche folgende Wörter!

Welche Wörter passen eher zum Winter, welche eher nicht?

Streiche jene Wörter durch, die nicht zum Winter gehören!

Egon, der fürsorgliche Tausendfüßler

Beantworte folgende Fragen!

Kreuze das richtige Kästchen an!

1 Der Tausendfüßler heißt:

- ☐ Egon
- ☐ Martin
- ☐ Gernot

2 Die Freundin von Egon heißt:

- ☐ Sabine
- ☐ Marie
- ☐ Karin

3 Wer stört eines Tages die Ruhe im Garten?

- ☐ Eidechse
- ☐ Katze
- ☐ Hamster

4 Was ist der Herzenswunsch von Marie?

- ☐ Im Wald zu sein
- ☐ Am Meer zu sein
- ☐ In der Küche zu sein

5 Was gibt Egon in die Muschel?

- ☐ Sand
- ☐ Steine
- ☐ Wasser

6 Was erkennt Egon auf dem Gesicht von Marie, als er aufwacht?

- ☐ Angst
- ☐ ein Lächeln
- ☐ Kummer

  Achtung! Moritz, der Marienkäfer - Arbeitsheft für die Grundstufe

Bearbeite folgende Aufgaben!

1 Schreibe 5 Hauptwörter (Nomen) mit Artikel auf, die du auf Seite 33 findest!

1. _______________________________
2. _______________________________
3. _______________________________
4. _______________________________
5. _______________________________

2 Schreibe 5 Zeitwörter (Verben) auf, die du auf Seite 34 findest!

1. _______________________________
2. _______________________________
3. _______________________________
4. _______________________________
5. _______________________________

3 Suche 2 Eigenschaftswörter (Adjektive) auf Seite 36!

1. _______________________________
2. _______________________________

Bearbeite folgende Aufgaben!

1 Welches ist das erste Wort auf Seite 37?

____

2 Welches ist das letzte Wort auf Seite 32?

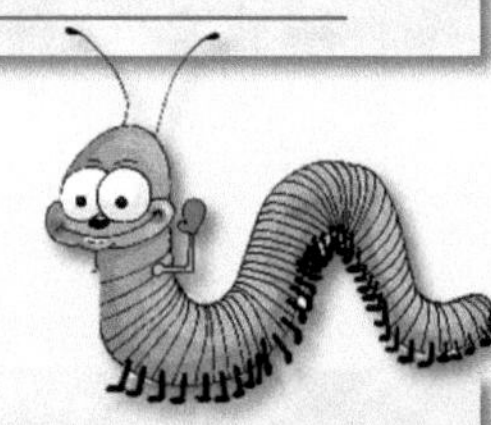

____

Finde auf Seite 33 zwei Zeitwörter und beuge sie in allen Personalformen!

Zum Beispiel: ich frühstücke - du frühstückst - er frühstückt - wir frühstücken - ihr frühstückt - sie frühstücken . . .

1. Zeitwort:	2. Zeitwort:
ich …	ich …
du …	du …
er (sie, es) …	er (sie, es) …
wir …	wir …
ihr …	ihr …
sie …	sie …

Nimm das **Wörterbuch** und suche die Begriffe!

Trage die Seitennummern aus dem Wörterbuch in die Kästchen ein!

die Antwort ☐   erzählen ☐   die Eidechse ☐   der Freund ☐

doch ☐   die Muschel ☐   der Sand ☐

Wörterschlange:

Bilde immer mit dem letzten Buchstaben des vorhergehenden Wortes neue Wörter!

Beispiel: Katze - Eck - Kammer - Rose - . . .

Setze die Reihe fort, bis du das Ende der Schlange erreichst!

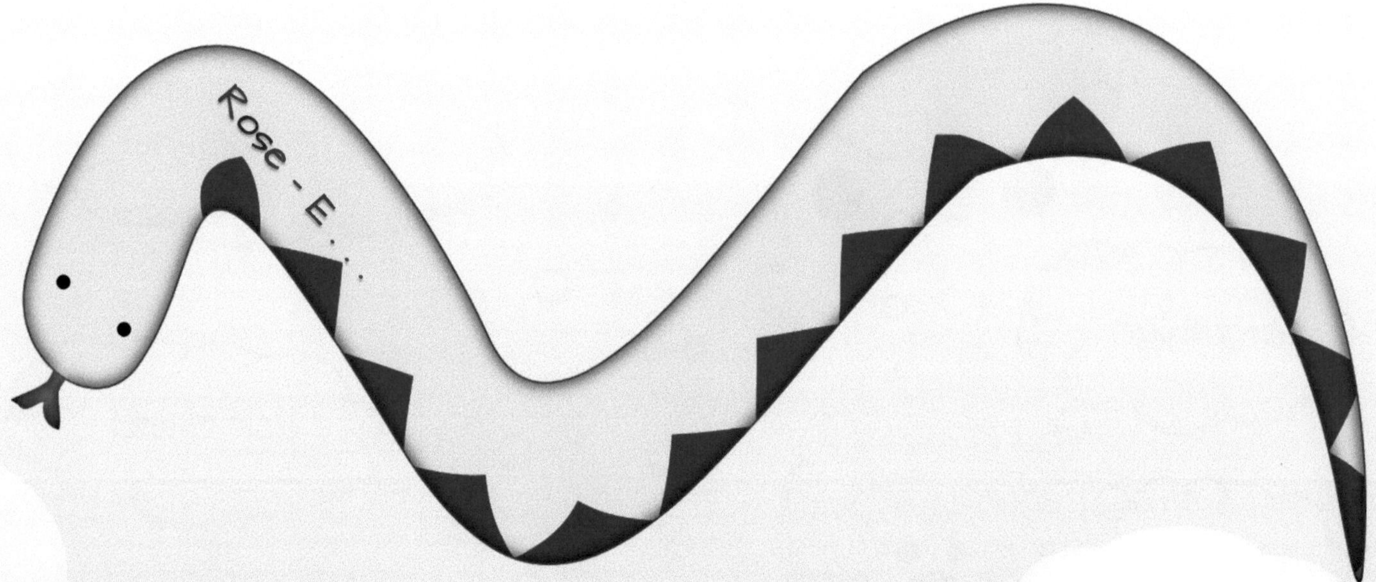

Kuddelmuddel!   Welche Begriffe sind hier versteckt?

Schreib die vier richtigen Wörter in die Tafel!

Finde die Mehrzahl! Vergiss den Begleiter (Artikel) nicht!

Einzahl:	Mehrzahl:
der Freund	
der Weg	
die Geschichte	
die Muschel	
das Tier	

Bilde mit den folgenden Wörtern sinnvolle Sätze!

| Tausendfüßler | erzählen | Geschichte |

Dein Satz: --

| Marie | träumen | Meer |

Dein Satz: --

| Eidechse | fressen | Tausendfüßler |

Dein Satz: --

| Marie | verletzen | schwer |

Dein Satz: --

Lies die Geschichte von Egon genau durch
und schreibe eine kurze Nacherzählung!

 Achtung! Moritz, der Marienkäfer - Arbeitsheft für die Grundstufe   © Christin Adlaßnig 2015

Zeichne Egon und Marie!

Puzzle

Beschreibe mit wenigen Worten das Bild auf dem Puzzle!

Lösungen

Beantworte folgende Fragen!

1. Egon

2. Marie

3. Eidechse

4. Am Meer zu sein

5. Sand

6. ein Lächeln

Bearbeite folgende Aufgaben!

Welches ist das erste Wort auf Seite 37?

Stumpf

Welches ist das letzte Wort auf Seite 32?

verraten

Welche Begeriffe sind hier versteckt?

Tag, Egon, Urlaub, Muschel

Finde die Mehrzahl! Vergiss den Begleiter (Artikel) nicht!

der Freund - die Freunde; der Weg - die Wege; die Geschichte - die Geschichten;

die Muschel - die Muscheln; das Tier - die Tiere

 Achtung! Moritz, der Marienkäfer - Arbeitsheft für die Grundstufe   © Christin Adlaßnig 2015

Marlies, die schlaue Kleidermotte

Beantworte folgende Fragen!

1 Wie heißt die tapfere, kleine Motte?

2 Wo leben die Motten?

3 Wem gehört die Unterhose, die ein Loch hat?

4 Was will der Vater kaufen, um die Motten loszuwerden?

5 Glauben die Freunde Marlies, als sie ihnen erzählt, was der Vater vorhat?

6 Wie rettet Marlies ihre Freunde?

7 Was wird anstatt der Giftkugeln in den Kasten gelegt?

   Achtung! Moritz, der Marienkäfer - Arbeitsheft für die Grundstufe   © Christin Adlaßnig 2015

Bearbeite folgende Aufgaben!

1 Schreibe 5 Hauptwörter (Nomen) mit Artikel auf, die du auf Seite 41 findest!

1.

2.

3.

4.

5.

2 Schreibe 5 Zeitwörter (Verben) auf, die du auf Seite 42 findest!

1.

2.

3.

4.

5.

3 Suche 3 Eigenschaftswörter (Adjektive) auf Seite 46!

1.

2.

3.

Bearbeite folgende Aufgaben!

4 Welches ist das letzte Wort auf Seite 43?

____

5 Welches ist das erste Wort auf Seite 44?

____

Nimm das **Wörterbuch** und suche die Begriffe!

Trage die Seitennummern aus dem Wörterbuch in die Kästchen ein!

schnell		die Unterhose		öffnen		der Kasten	
das Loch		die Motte		lutschen			

Welche fünf Wörter gehören nicht zur Geschichte von Marlies? Streiche sie durch!

Pyjama		Unterhose	
Buch		Teppich	
Kind		Vater	
fliegen		flattern	
Kirsche		Pullover	
Kasten		Stuhl	
Mutter		Löffel	
schweben		laufen	

Finde die Mehrzahl! Vergiss den Begleiter (Artikel) nicht!

Einzahl:	Mehrzahl:
die Motte	
der Kasten	
das Auge	
die Hand	
der Mensch	

Marlies sitzt auf dem Rand eines Bettes und macht sich Sorgen.

Auf welcher Seite des Buches wird diese Szene beschrieben?

Auf Seite . . .

Wer schläft in diesem Bett?
Antworte in einem ganzen Satz!

Lies die Geschichte von Marlies genau durch
und schreibe eine kurze Nacherzählung!

Zeichne die Familie!

Lösungen

Beantworte folgende Fragen!

1. Marlies
2. hinter einem Teppich
3. dem Vater
4. Mottengift
5. Nein, sie glauben ihr nicht.
6. indem sie in den Zorn des Vaters auf sich lenkt
7. Lavendelsäcke

Bearbeite folgende Aufgaben!

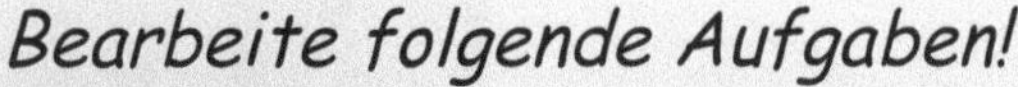

Welches ist das letzte Wort auf Seite 43?

Mottengift

Welches ist das erste Wort auf Seite 44?

Gift

Welche fünf Wörter gehören nicht zur Geschichte von Marlies?

Kirsche, Buch, Löffel, laufen, schweben

Finde die Mehrzahl! Vergiss den Begleiter (Artikel) nicht!

die Motte - die Motten; der Kasten – die Kästen; das Auge - die Augen;
die Hand - die Hände; der Mensch - die Menschen

Marlies sitzt auf dem Rand eines Bettes und macht sich Sorgen.

Auf welcher Seite des Buches wird diese Szene beschrieben?

Auf Seite 44

Wer schläft in diesem Bett? Antworte in einem ganzen Satz!

In diesem Bett schlafen die Kinder.

Kreuze das richtige Kästchen an! 

Beantworte folgende Fragen!

1 Der Marienkäfer heißt:

☐ Moritz

☐ Hugo

☐ Lukas

2 Wo lebt der kleine Käfer?

☐ im Wald

☐ im Rosengarten

☐ im Haus

3 Wie viele Punkte hat der Marienkäfer?

☐ acht

☐ null

☐ fünf

4 Wer weckt Moritz in der Früh?

☐ ein Borkenkäfer

☐ ein Schmetterling

☐ ein Frosch

5 Wen rettet Moritz vor dem Austrocknen?

☐ ein Gänseblümchen

☐ eine Schnecke

☐ einen Hund

6 Wem hilft Moritz aus dem Spinnennetz?

☐ einer Ameise

☐ einer Fliege

☐ einer Mücke

Moritz, der ganz besondere Marienkäfer

Bearbeite folgende Aufgaben!

1 Schreibe 5 Hauptwörter (Nomen) mit Artikel auf, die du auf Seite 51 findest!

1.
2.
3.
4.
5.

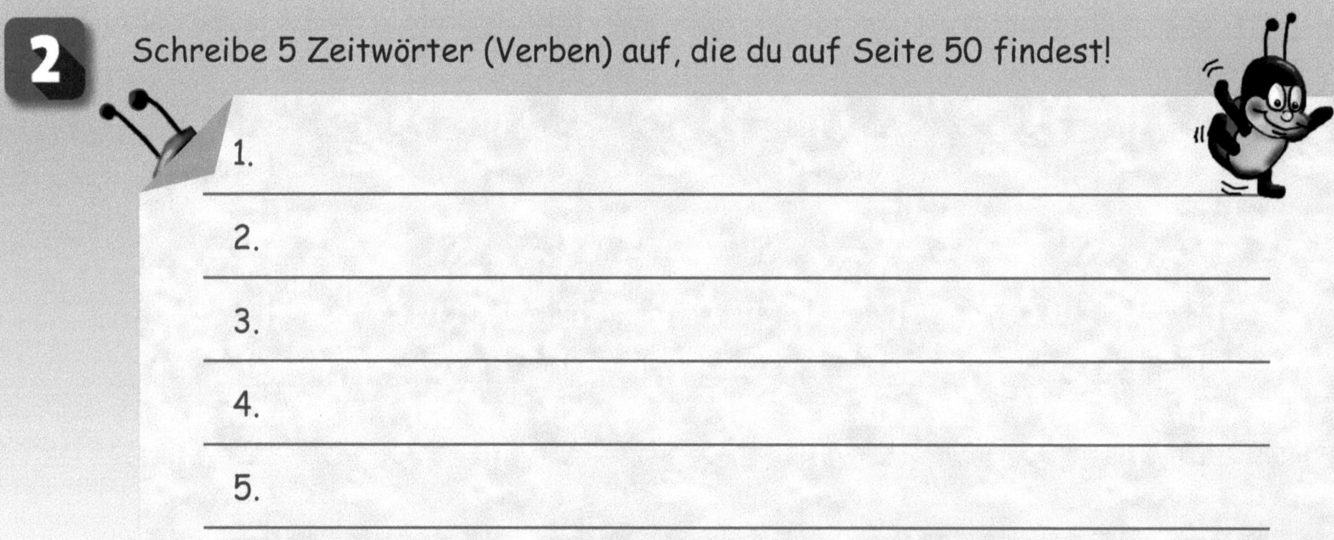

2 Schreibe 5 Zeitwörter (Verben) auf, die du auf Seite 50 findest!

1.
2.
3.
4.
5.

3 Suche 2 Eigenschaftswörter (Adjektive) auf Seite 54!

1.
2.

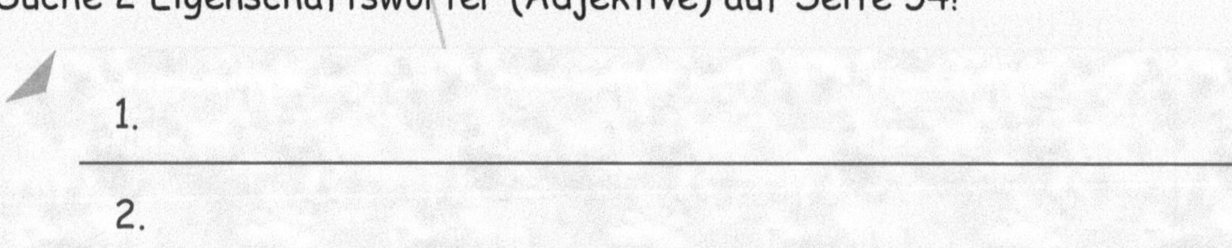

    Achtung! Moritz, der Marienkäfer - Arbeitsheft für die Grundstufe   © Christin Adlaßnig 2015

Bearbeite folgende Aufgaben!

Finde auf Seite 51 vier Zeitwörter und beuge sie in allen Personalformen!

Zum Beispiel: ich entdecke - du entdeckst - er entdeckt - wir entdecken - ihr entdeckt - sie entdecken . . .

1. Zeitwort:	2. Zeitwort:
ich …	ich …
du …	du …
er (sie, es) …	er (sie, es) …
wir …	wir …
ihr …	ihr …
sie …	sie …

3. Zeitwort:	4. Zeitwort:
ich …	ich …
du …	du …
er (sie, es) …	er (sie, es) …
wir …	wir …
ihr …	ihr …
sie …	sie …

Nimm das **W**örterbuch und suche die Begriffe!

Trage die Seitennummern aus dem Wörterbuch in die Kästchen ein!

hungrig ☐   retten ☐   befinden ☐   der Rat ☐

dort ☐   der Käfer ☐   bewundern ☐

   Achtung! Moritz, der Marienkäfer - Arbeitsheft für die Grundstufe   © Christin Adlaßnig 2015

Ordne die zehn Wörter nach dem Alphabet!

Schreibe die richtigen Nummern (2 bis 10) in die leeren Felder!

See

Spinne

befinden

einmal

dienen

Abcdefgh
ijklmnopqr
stuvwxyz

Ameise

Beispiel: „A ..." = 1 → ①

Lage

Sekunde

Tränen

Sonnenblume

Moritz, der ganz besondere Marienkäfer

In jedem Satz ist ein Wort zu viel. Streiche es durch!

Moritz lebte in der einem Rosengarten.

Die Ameise Käfer klebte im Spinnennetz.

Der lange Weg war schwarz beschwerlich.

Plötzlich gab es ein lautes Garten Jubelgeschrei.

Die Schnecke lag am zum Rücken.

Suche aus der Geschichte fünf Hauptwörter
und bilde die Mehrzahl!

Einzahl: Mehrzahl:

1.

2.

3.

4.

5.

Bilde mit den folgenden Wörtern sinnvolle Sätze!

| Käfer | haben | Punkte | keine |

Dein Satz: ....

| Freunde | begrüßen | Moritz |

Dein Satz: ....

| Ameise | kleben | Netz | Spinne |

Dein Satz: ....

| Moritz | fliegen | Rosengarten |

Dein Satz: ....

Kuddelmuddel! Welche Begriffe sind in der Rose versteckt?

Schreib die vier Wörter richtig in die Tafel!

1.

2.

3.

4.

Lies die Geschichte von Moritz genau durch
und schreibe eine kurze Nacherzählung!

 Achtung! Moritz, der Marienkäfer - Arbeitsheft für die Grundstufe

Zeichne Moritz und seine Freunde!

Beschrifte die Körperteile des Käfers!

Bauch   Kopf   Beine (2 mal)

Augen   Fühler

Lösungen

Beantworte folgende Fragen!

1. **Moritz**

2. **im Rosengarten**

3. **null**

4. **ein Borkenkäfer**

5. **eine Schnecke**

6. **einer Ameise**

Ordne die zehn Wörter nach dem Alphabet!

Ameise (1), befinden (2), dienen (3), einmal (4), Lage (5), See (6), Sekunde (7), Sonneblumen (8), Spinne (9), Tränen (10)

In jedem Satz ist ein Wort zu viel. Streiche es durch!

1. Satz: ~~der~~; 2. Satz: ~~Käfer~~; 3. Satz: ~~schwarz~~; 4. Satz: ~~Garten~~; 5. Satz: ~~zum~~

Welche Begriffe sind in der Rose versteckt?
Schreib die vier richtigen Wörter in die Tafel!

Moritz, Spinne, Ameise, Käfer

Beantworte folgende Fragen!

1 Wie heißt das flinke, kleine Silberfischchen?

2 Wo lebt das Silberfischchen?

3 Was ist Lillis Lieblingsbeschäftigung?

4 Wie heißt der Freund von Lilli?

5 Wer macht den Silberfischen das Leben schwer?

6 Wer gewinnt den Wettkampf?

7 Wer hilft den Silberfischchen?

Bearbeite folgende Aufgaben!

1 Schreibe 5 Hauptwörter (Nomen) mit Artikel auf, die du auf Seite 67 findest!

1. ____
2. ____
3. ____
4. ____
5. ____

2 Schreibe 5 Zeitwörter (Verben) auf, die du auf Seite 70 findest!

1. ____
2. ____
3. ____
4. ____
5. ____

3 Suche 2 Eigenschaftswörter (Adjektive) auf Seite 71!

1. ____
2. ____

Auf die Plätze, fertig, los!

Finde auf Seite 74 vier Zeitwörter und
beuge sie in allen Personalformen!

Zum Beispiel: ich beginne - du beginnst - er beginnt - wir beginnen -
ihr beginnt - sie beginnen . . .

1. Zeitwort:	2. Zeitwort:
ich ...	ich ...
du ...	du ...
er (sie, es) ...	er (sie, es) ...
wir ...	wir ...
ihr ...	ihr ...
sie ...	sie ...

3. Zeitwort:	4. Zeitwort:
ich ...	ich ...
du ...	du ...
er (sie, es) ...	er (sie, es) ...
wir ...	wir ...
ihr ...	ihr ...
sie ...	sie ...

    Achtung! Moritz, der Marienkäfer - Arbeitsheft für die Grundstufe   © Christin Adlaßnig 2015

Nimm das **W**örterbuch und suche die Begriffe!

Trage die Seitennummern aus dem Wörterbuch in die Kästchen ein!

hoch ☐ wieder ☐ erwischen ☐ rutschen ☐

krabbeln ☐ die Wespe ☐ der Abfluss ☐

Ordne die zehn Wörter nach dem Alphabet!

Schreibe die richtigen Nummern (2 bis 10) in die leeren Felder!

- Menschen
- zappeln
- Bungalow
- Wespen
- Badewanne
- angeknabbert
- Nachtisch
- Wette
- Spiel
- Parkettboden

Abcdefgh
ijklmnopqr
stuvwxyz

Beispiel: „A ..." = 1

1

In jedem Satz ist ein Wort zu viel. Streiche es durch!

Lilli rannte so schnell ihre Beinchen rasch sie trugen.

Kein Mucks war nicht zu hören!

Die Wespen steckten die Köpfe an zusammen.

Mit bösem Grinsen machte sie Jagd auf ab die Krabbler.

Täglich wurde die Zahl derer, die überlebten, mit geringer.

Finde die Mehrzahl! Vergiss den Begleiter (Artikel) nicht!

Einzahl:	Mehrzahl:
1. die Wespe	
2. das Nest	
3. die Wohnung	
4. das Badezimmer	
5. die Essbank	

Bilde mit den folgenden Wörtern sinnvolle Sätze!

| Lilli | neugierig | Wohnung | erkunden |

Dein Satz: ....

| Silberfischchen | rutschen | Badewanne |

Dein Satz: ....

| Wespen | anknabbern | Kuchen | Äpfel |

Dein Satz: ....

| Als erster | Badezimmertür | erreichen | gewinnen |

Dein Satz: ....

Welche Begriffe sind in der Badewanne versteckt?
Schreibe die vier Wörter richtig in die Tafel!

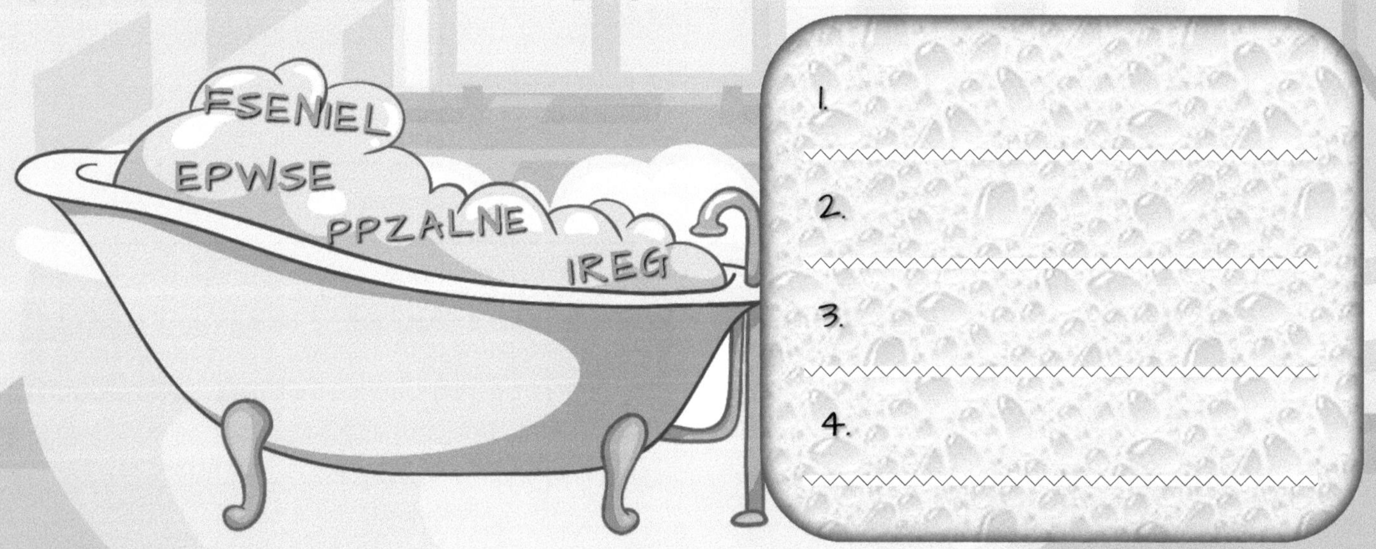

Lies die Geschichte von Lilli genau durch
und schreibe eine kurze Nacherzählung!

Zeichne Lilli und Vincent!

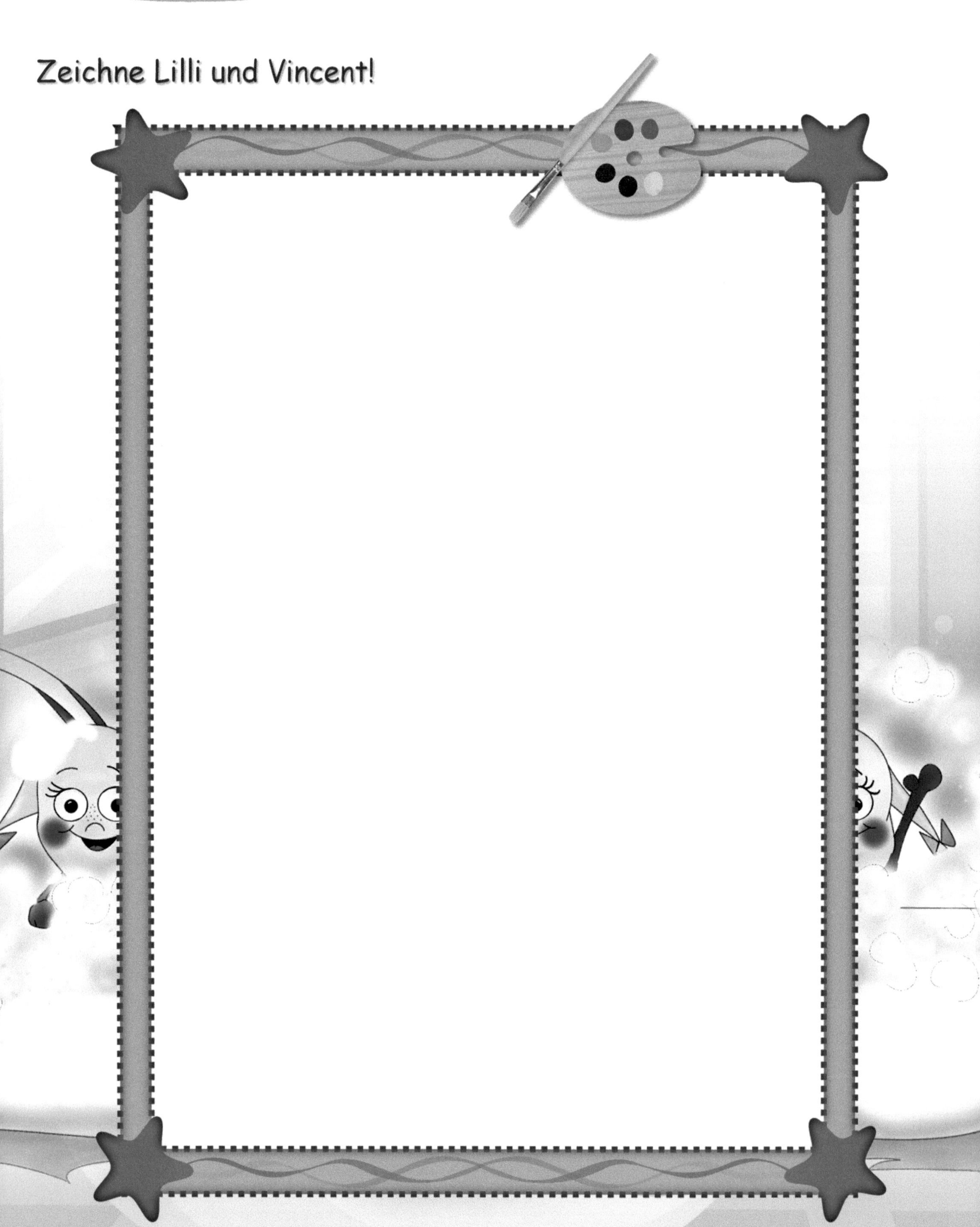

 Achtung! Moritz, der Marienkäfer - Arbeitsheft für die Grundstufe © Christin Adlaßnig 2015

Silberfischchen können dichten!

Finde auch du die passenden Reimwörter!

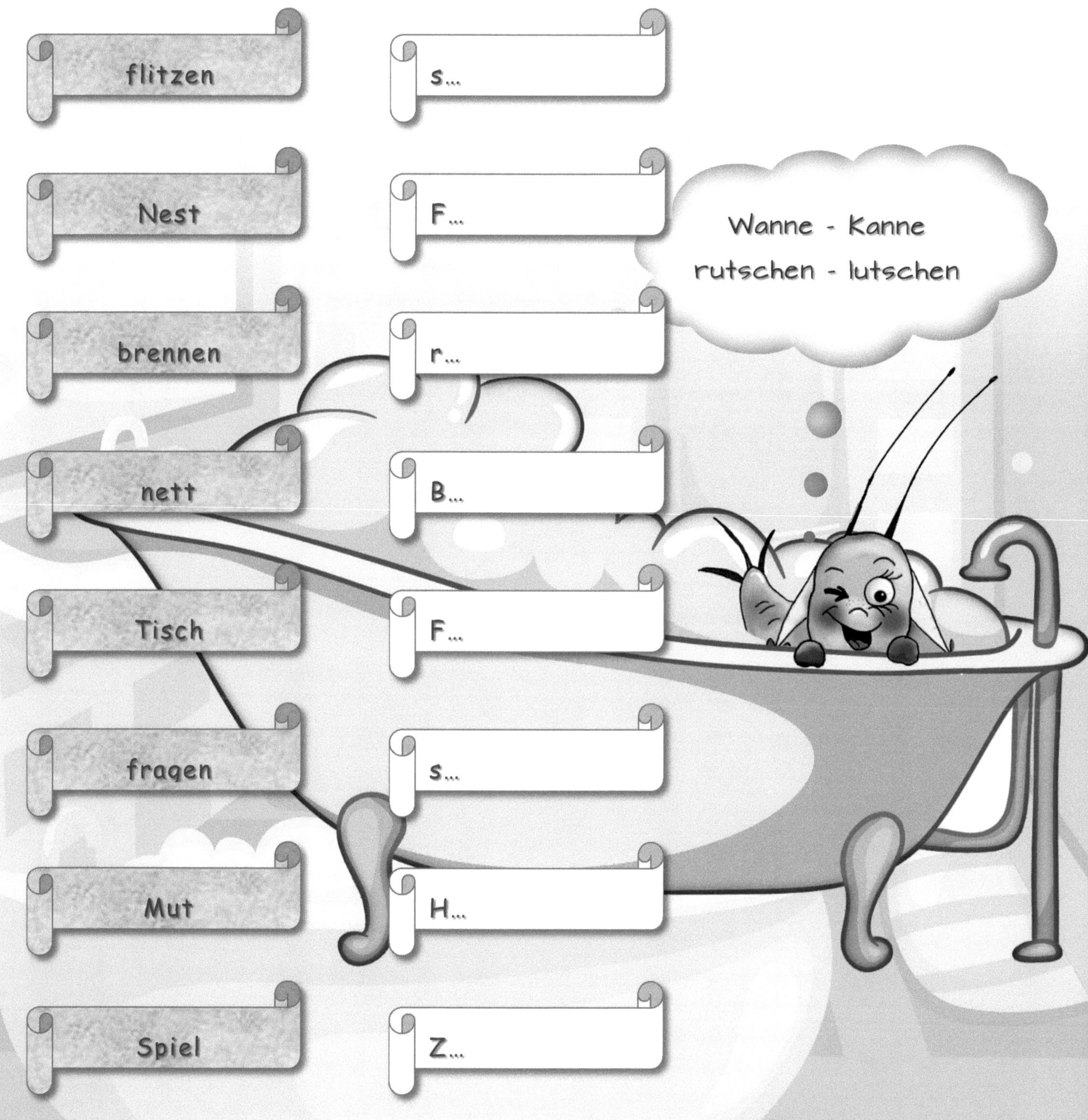

Wähle ein Tier aus der Geschichte mit Lilli aus und schreibe über dieses einen Steckbrief!

GESUCHT

ZEICHNE DAS GESICHT

NAME: _______________________

GRÖSSE: _______________________

AUSSEHEN: _______________________

____

BESONDERHEIT: _______________________

____

LEBENSRAUM: _______________________

____

FEINDE: _______________________

Lösungen

Beantworte folgende Fragen!

1. Lilli
2. in einem Badezimmer
3. Abflusszielrutschen
4. Vincent
5. die Wespen
6. Lilli
7. eine Hornisse

Ordne die zehn Wörter nach dem Alphabet!

angeknabbert (1), Badewanne (2), Bungalow (3), Menschen (4), Nachtisch (5), Parkettboden (6), Spiel (7), Wespen (8), Wette (9), zappeln (10)

In jedem Satz ist ein Wort zu viel. Streiche es durch!

1. Satz: rasch; 2. Satz: nicht; 3. Satz: an; 4. Satz: ab; 5. Satz: mit

Finde die Mehrzahl! Vergiss den Begleiter (Artikel) nicht!

die Wespe - die Wespen; das Nest - die Nester; die Wohnung - die Wohnungen; das Badezimmer - die Badezimmer; die Essbank - die Essbänke

Welche Begriffe sind in der Badewanne versteckt?
Schreib die vier richtigen Wörter in die Tafel!

Fliesen, Wespe, zappeln, Gier

Silberfischchen können dichten!

Finde auch du die passenden Reimwörter!

flitzen – sitzen; Nest – Fest; brennen – rennen; nett – Bett; Tisch – Fisch; fragen – sagen; Mut – Hut; Spiel – Ziel

Kreuzworträtsel

Hier die Fragen mit den Nummern:

Zeilen

4.	Welches Tier verletzt Marie?
5.	Wie heißt der Schneefloh?
6.	Wie heißt die Freundin von Paolo?
9.	Wie heißt die Freundin von Egon?
10.	Was stiehlt Egon aus dem Zimmer der Kinder?
12.	Wie heißt der Tausendfüßler?
15.	Wo lebt Lilli?
17.	Wie heißt der Borkenkäfer, der Moritz hilft?
18.	Wohinter versteckt sich Marlies?
20.	Wie heißt der Marienkäfer?
21.	Wovor erschreckt sich Siegfried?

Spalten

1.	Was legt der Vater in den Kasten, um die Motten zu töten?
2.	Was bewundert Siegfried im Zimmer von Jakob und Johannes?
3.	Wie heißt das Silberfischchen?
7.	Worin verfängt sich die alte Ameise?
8.	Wo wurde Moritz geboren?
11.	Wo wohnt Paolo?
13.	Wie heißt die Schnecke, der Moritz hilft?
14.	Wie heißt die Grille?
16.	Die heißt die Kleidermotte?
19.	Wie heißt der Käferfreund von Siegfried?

 Achtung! Moritz, der Marienkäfer - Arbeitsheft für die Grundstufe © Christin Adlaßnig 2015

Jetzt viel Spaß beim Lösen des Rätsels!

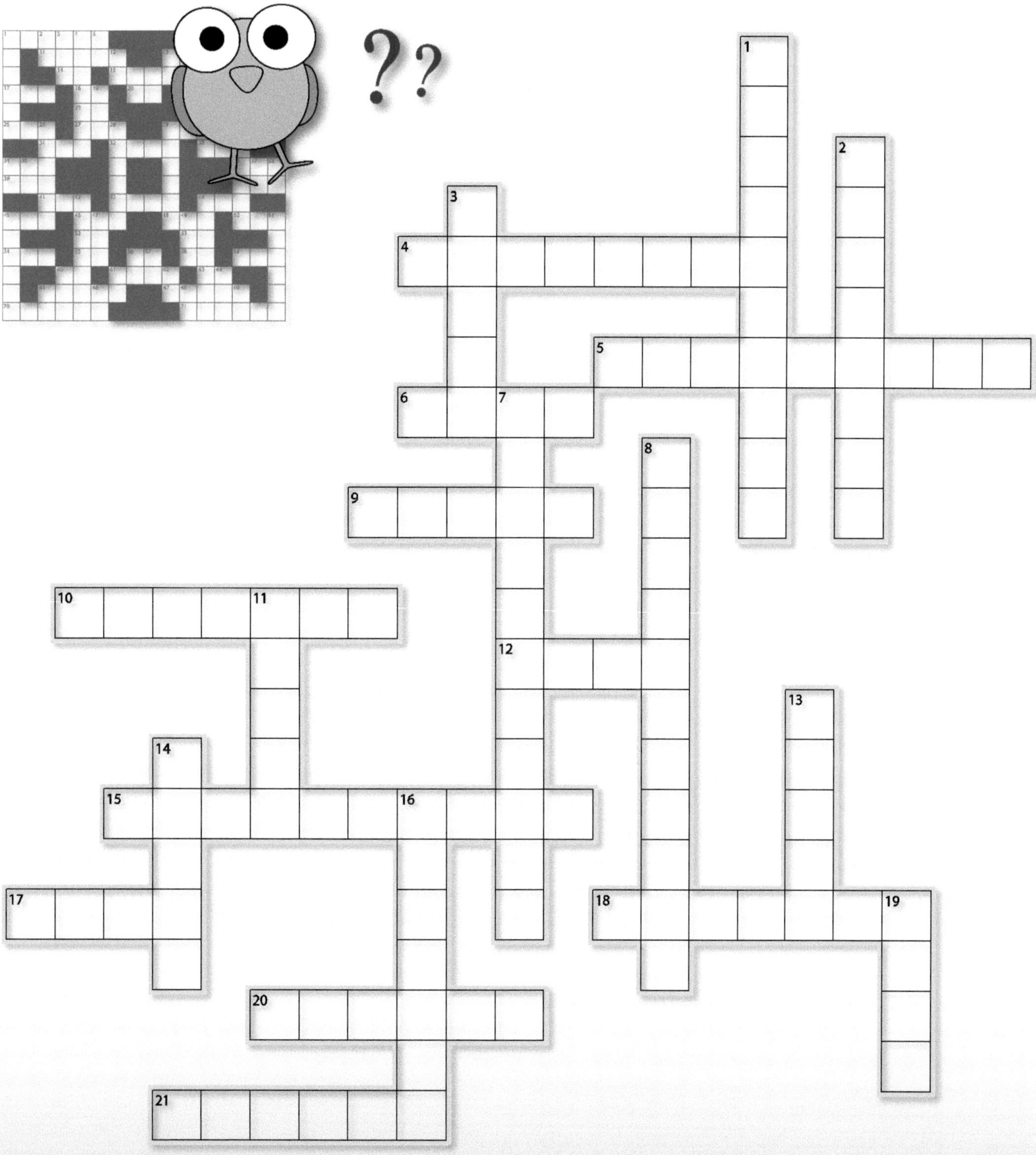

Kreuzworträtsel

Und hier die Lösungen!

Zeilen

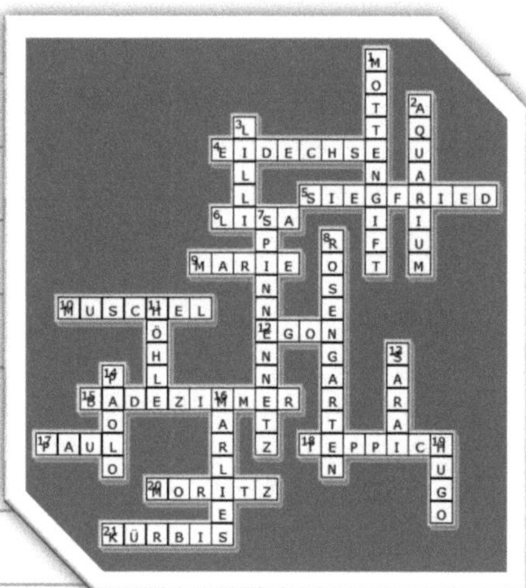

4. Welches Tier verletzt Marie? **EIDECHSE**

5. Wie heißt der Schneefloh? **SIEGFRIED**

6. Wie heißt die Freundin von Paolo? **LISA**

9. Wie heißt die Freundin von Egon? **MARIE**

10. Was stiehlt Egon aus dem Zimmer der Kinder? **MUSCHEL**

12. Wie heißt der Tausendfüßler? **EGON**

15. Wo lebt Lilli? **BADEZIMMER**

17. Wie heißt der Borkenkäfer, der Moritz hilft? **PAUL**

18. Wohinter versteckt sich Marlies? **TEPPICH**

20. Wie heißt der Marienkäfer? **MORITZ**

21. Wovor erschreckt sich Siegfried? **KÜRBIS**

Spalten

1. Was legt der Vater in den Kasten, um die Motten zu töten? **MOTTENGIFT**

2. Was bewundert Siegfried im Zimmer von Jakob und Johannes? **AQUARIUM**

3. Wie heißt das Silberfischchen? **LILLI**

7. Worin verfängt sich die alte Ameise? **SPINNENNETZ**

8. Wo wurde Moritz geboren? **ROSENGARTEN**

11. Wo wohnt Paolo? **HÖHLE**

13. Wie heißt die Schnecke, der Moritz hilft? **SARAI**

14. Wie heißt die Grille? **PAOLO**

16. Die heißt die Kleidermotte? **MARLIES**

19. Wie heißt der Käferfreund von Siegfried? **HUGO**

   Achtung! Moritz, der Marienkäfer - Arbeitsheft für die Grundstufe   © Christin Adlaßnig 2015

Suche die Oberbegriffe zu mehreren Wörtern!
Schreibe die richtige Kärtchennummer zu den Oberbegriffen!

- Kleidungsstücke
- Möbel
- Tiere
- Insekten
- Blumen
- Fahrzeuge
- Krankheiten
- Bäume
- Sportarten
- Mädchennamen
- Gewürze
- Getränke

1 Hund, Katze, Schlange, Maus, Grille

2 Auto, Fahrrad, Moped, Kutsche

3 Tisch, Kasten, Sessel, Bett, Schrank

4 Käfer, Biene, Grille, Schmetterling

5 Rose, Tulpe, Veilchen, Gänseblümchen

6 Grippe, Masern, Röteln, Scharlach

7 Apfelsaft, Milch, Wasser, Wein, Kaffee

8 Hose, Socken, Hemd, T-Shirt, Anzug

9 Majoran, Salz, Pfeffer, Basilikum

10 Lisa, Sarai, Karla, Anna, Maria

11 Tanne, Buche, Ahorn, Pappel, Linde

12 Golf, Tennis, Fußball, Boxen, Reiten

Begriffe zuordnen

Lösungen:

Kleidungsstücke **8**   Möbel **3**   Tiere **1**   Insekten **4**

Blumen **5**   Fahrzeuge **2**   Krankheiten **6**   Bäume **11**

Sportarten **12**   Mädchennamen **10**   Gewürze **9**

Getränke **7**

1 Hund, Katze, Schlange, Maus, Grille	**2** Auto, Fahrrad, Moped, Kutsche	**3** Tisch, Kasten, Sessel, Bett, Schrank
4 Käfer, Biene, Grille, Schmetterling	**5** Rose, Tulpe, Veilchen, Gänseblümchen	**6** Grippe, Masern, Röteln, Scharlach
7 Apfelsaft, Milch, Wasser, Wein, Kaffee	**8** Hose, Socken, Hemd, T-Shirt, Anzug	**9** Majoran, Salz, Pfeffer, Basilikum
10 Lisa, Sarai, Karla, Anna, Maria	**11** Tanne, Buche, Ahorn, Pappel, Linde	**12** Golf, Tennis, Fußball, Boxen, Reiten

    Achtung! Moritz, der Marienkäfer - Arbeitsheft für die Grundstufe

Steigere die Eigenschaftswörter (Adjektive)!
Schreibe die fehlenden Steigerungsstufen in die Stufen der Treppe!

Beispiel:

3. Stufe: am heißesten

2. Stufe: heißer

1. Stufe: heiß

am klügsten

schwerer

hell

am langsamsten

leichter

schnell

am größten

schlauer

geizig

mutig

hilfsbereit

Adjektive steigern

Lösungen:

Beispiel:

3. Stufe: am heißesten	am klügsten
2. Stufe: heißer	klüger
1. Stufe: heiß	klug
am schwersten	am hellsten
schwerer	heller
schwer	hell
am langsamsten	am leichtesten
langsamer	leichter
langsam	leicht
am schnellsten	am größten
schneller	größer
schnell	groß
am schlauesten	am geizigsten
schlauer	geiziger
schlau	geizig
am mutigsten	am hilfsbereitesten
mutiger	hilfsbereiter
mutig	hilfsbereit

 Achtung! Moritz, der Marienkäfer - Arbeitsheft für die Grundstufe   © Christin Adlaßnig 2015

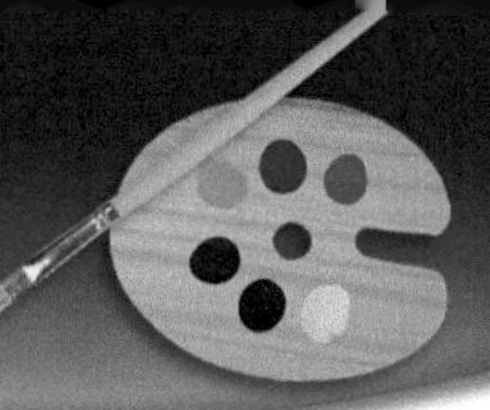

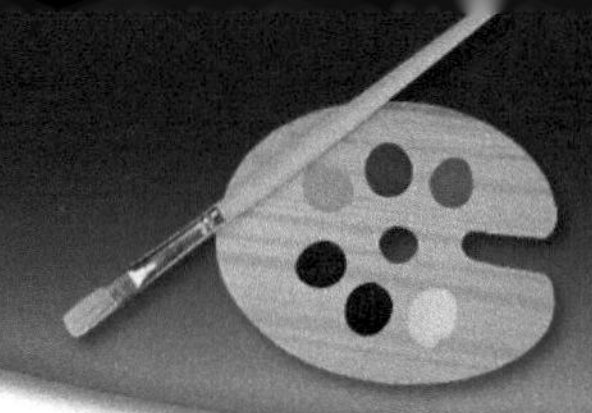

Male das Bild an!

 Achtung! Moritz, der Marienkäfer - Arbeitsheft für die Grundstufe

Weitere Materialienhefte und Lernsoftware für Kinder und Jugendliche ab dem zehnten Lebensjahr

Die Materialienhefte beinhalten unterhaltsame Arbeitsblätter und Kopiervorlagen zu unterschiedlichen Themen aus den Unterrichtsfächern Biologie und Umweltkunde, Geografie und Wirtschaftskunde sowie Geschichte.

Durch diese Materialien kann der Lernprozess individualisiert und lernzielorientiert gestaltet werden. Methoden- und Sachkompetenz der Schüler/innen werden unter Berücksichtigung des unterschiedlichen Lerntempos gestärkt. Dabei soll auch das selbstständige Beschaffen von Informationen aus Druck- und Digitalmedien sowie aus Quellen im Internet trainiert werden.

Die einzelnen Hefte liegen gedruckt und in digitaler Form zur eigenständigen Vervielfältigung für Lern- und Unterrichtszwecke vor und werden laufend aktualisiert.

Die Materialien werden ab jetzt sukzessive durch spielerische und interaktive Lernsoftware ergänzt. Somit stehen die Lerninhalte in Zukunft Kindern und Jugendlichen jederzeit und überall zur Verfügung: auf PCs, Laptops und mobilen Endgeräten, wie Smartphones.

Nähere Informationen, Downloads, Leseproben, Demos und Verkauf unter:
http://www.spass-und-lernen.com/unterrichtsmaterialien